Når sindet vandrer
When the mind wanders

Book of poems
Emilie Slot Schou Nielsen

AF191915

The night

In the Night
Through the door
You see the stars
Shinning through the door
Through the keyhole
You see the moon light
Past the door
You see a beautiful night
And wish you where there
On the other side
So you could see the stars
And wish on a shooting star
That life was better than this

When you see it
Make your best wish
From your heart
And it will come true

Love life

Out in the lives
There is human kind
All hear love sometimes
There is a world unlike anything
You have ever see
And that is just between us
You and me

Light and Dark

Who is it
Is it good
Is it bad
Choose and disappear in to yourself
You can´t be yourself
If you choose one, you can never be.
Choose both of them
Is no good, no bad
We never choose
because it can destroy you
But be yourself in our lives
Human pride
Is the mankind. No good, no bad
Just ourselves, our lives
Depends to do no choices,
But to be ourselves, in our lives

Voices in my head

Voices, voices in my head
Go away
Go away
Disapear into the nearest mirror on the wall
And stay there until i say
Mirror, mirror on the wall
Who are the voices in my head
I looked down and the mirror said
It is in your head
but why, but why
Is it in my head
You had a bad day
That is what the mirror said

Who

What am I
I don´t know
Who i am
I don´t know
I am looking for answers
Just like you
But the answer is far away
Not like you but me
Who am I, is the answer
But I don´t know what that is
What I am is easy
That´s who I am
Anyway I don´t know who
But why I am I know
I was a little girl before time goes by
Than I grow up
And looked in the mirror
And said
Where is the little girl I was before
Myself

Help

Hjælp mig
er der ikke nogen
der vil hjælpe mig
med det sted jeg er i
og er med
det sted hvor ingen vil hjælpe mig
eller lade mig hvile i fred
der hvor jeg snart dør
og drømmer om et sted at hvile
i fred med alt med

Slavebinder

En slave er jeg
For vampyrer
Der går min vej
De behandler mig som en de ikke kender
Men en de betvinger
De er ikke mine stemmer
Blodsuger de mennesker tømt for blod
Ligger på gaden hvor jeg går
Døde
Udsultet
Og pisket til blods
Tømt for blod er de alle
Intet menneske tilbage
I denne verden
At tage

Menneske eller ej

Et menneske er jeg
Tror man
Men man skal ikke
Skue hunden på hårene
Siger man
Hvad er jeg
Hvad er du
Livet er mere, bredere end du tror
Men hvad jeg er og hvad du er
Er ikke livet selv
Men det er
Hvad du gør det til
Min ven

Cold

Cold in the darkness
Leaves falling from the trees
The night is young
Winter is coming
It´s cold, it´s dark
I am dying
I am looking for warmth
But is isn´t there
Beacuse i looked every where
No light, No sun
Sad people going on the street
They are dying
I am dying
I lost my soul
A long time ago
That´s why I am dying
I am waiting for the other side to come
So I can rest in peace, for crying.

Wolfs

Wolf oh wolf
Howls in the night
Darkness around you every time
Do you ever meet a stranger in the night
Or are you by yourself
All alone
Or is the moon with you all the time
Wolf oh wolf
A stranger passes under your feet
Snow is falling
The sun comes up
Now sleep

Flash before eyes

My life flashed before my eyes
And it went quick
18 teen years of suffering and torture.
Brother, brother hear me now
You where captured, kidnapped by demons
Oh brother, oh brother
what could I do. I will always
Look for you
I can do nothing now
But someday, some how
I will free you from your demons
And then we will both be
Free again

Every one cared

If every one cried and nobody died
What world will we live in to be old an die
This is the world I see
You and me
No cry, no die
Friends and happiness is just a lie
If they lie to you
Am I wrong, am I right
What world will we live in to be just like
You and me
The human, not kind and sweet
But that is a lie
If you see the world like me
The world not kind and sweet
As me, I know it just like you and me
There was a time ago that I cannot
Remember now
Where humans where sweet and kind
And not blind
Where are we now in the world to be
Just like.
You and me

Abused

Hurting me is the only thing they are
Thinking
They think about
Torture
Abused
Afflicted
Me and only me
Have held this out
18 teen years, they have seen my tears
18 teen years, my soul is gone
18 teen years, tortured
18 teen years, me and only is not me anymore
I have changed because of them
It´s hard
it´s torture
It is like killing Me every day

Frozen

Frozen, frozen
Your heart is frozen
Come back to me and you
So we can be
Forever you and me
Warm your heart up for me
So we can be
Forever you and me
Frozen no more
Warm it up
We can be
Forever you and me
Your heart is not frozen anymore
We are forever
You and me

All alone

I am all alone
The world does not see me as I am
I am invisible to the world
As they see me
They don´t hate me
But neither love me
The world does not see me as I am
But either do I
Love is not something your looking for
It will come to you
Rather you will it or not

Ghost

Ghost are free
They live among us
Maybe hunt us
Looking for peace
Sometimes they are evil in the night
Because they did something wrong in thier mind
And accused us to done wrong
For what we have done
And who we are, Or just be like a human
What they once were
Flesh and blood

Who we are

We know who we are
We know what we know
It´s real that
We know who we are
It´s real that
We are who we are
We learn that
We know what we know
But to learn who we are
is to learn life itself

If i could fly

If i could fly
I could reach the sky
Go around the earth
See the stars
The moon, space and nature
All day, all night
forever

Elsker dig

Jeg elsker dig
Sagde jeg
Uden tøven, jeg gjorde
Hvad mon fremtiden vil bringe
Ses vi mon snart igen
Uret tikker
Du vil aldrig komme til mig igen
Jeg elsker dig sagde du
Men kom aldrig til mig igen
Hvad skete der med os
Var det os to for evigt
Eller var det dig og hende du mødte
Og som nu har elsket med dig
Hjerte sorg har jeg nu, for altid at leve med dig
I mit hjerte
Mit hjerte siger ingenting, om dig nu
men elsker dig som en ven
for evigt og altid, fra nu

Det frosne hjerte

Det frosne hjerte, jeg intet føler
Jeg har ingen sjæl
Tilbage i mig
Vinter kommer og går
Men sommeren jeg havde engang
Er nu væk
Kun vinteren er der tilbage nu.
Mørkere og mørkere bliver det
man laver det om, til sort.
Sort og mørkt er det nu.
Ondskaben hærger i mig
visne blade er der nu på jorden. Døde mennesker
døden ser jeg nu, gå sin vej. Men kommer ikke tilbage igen.
Men det jeg ser nu, er forkert. Selvom jeg synes det er rigtigt.
Nu går godt og ondt rundt om mig. Siger jeg skal vælge
men mellem dem og mig
har jeg det godt med hvem jeg er
jeg vælger ingen

Sorgen

Thi over sorgen
Jeg græder over
I gård dagens land
Hvor jeg var lykkelig
Vi legede og var glade indtil vi voksede
Og voksede fra hinanden
Gård dagens land var så lykkelig
Og glad
Indtil vi ikke så hinanden mere
Hvor jeg nu
Thi´er over sorgen, jeg nu har i dag

The girl

I don´t wanna be the girl
Who lives alone
Or crying like this
So try to be like me
Why do I have it like this
With my voices
All alone
I feel
In this world to be
I don´t know who I am
It is difficult
To be me

Jeg står fast

Jeg står fast med hvem jeg er
Frost i hjertet
Ingen sjæl at tage
Men hvem, jeg er
Ved ingen
Endda selv jeg
Når jeg kigger
Rundt om mig selv
Tænker jeg hvor er jeg
Hvad blev der af mig
Hvem er jeg blevet til
Hvor, hvornår kommer jeg fra
At blive mig selv igen er en af mine største drømme
Med tiden vil det forhåbentlig ske
Håber jeg. Det er nu det

Igen

Igen og igen
Hører jeg dagen komme
Igen og igen
Altid det samme
Igen og igen
Hører jeg stemmer
Hver dag
Altid det samme
Hører jeg dagen komme
Det er altid
Igen og igen
Det samme

Beautiful

You´r beautiful to me
Always you will be
You make my day
You rock it every day
For me and you
I write this poem just for you
I don`t know what I did wrong
Always be in my heart
My beautiful summer girl

To myself

I say to my self
All day
I´ll kill myself
Someday
There is no good
Just bad in my life
No love
No good
Just me
My self
And my cat
All alone i sit here
Waiting for my death
For everything to be just like me

Light

There is a light
In the dark
It symbolizes hope
For you and me
For all the world to be
Happiness
And children`s play
And parents care for there child
Put them into their small quilts
And hope someday
For them
Ther is a little light
Still in them
In the dark
When they grow up

Kalder dig hjem

Hver dag kalder
Jeg på dig
Kom nu hjem til mig
Hver dag venter
Jeg på dig
Kom nu hjem til mig
Jeg leder efter dig
Du sårede mig ikke, nej.
Og jeg elsker dig

The truth

Do you love me
Do you or do you not
They say opposites meet
My soulmate
You can´t deny it
My life is not worth living
Without you
So what can I do
I can´t live my life for you
But my life is meaningless
Without you

Love of music

Can you hear the music of love
My friend
Can you hear for me and you
It´s playing too
Like Romeo and Juliet
We are in love
But forbidden love
Is the most
Romantic thing
And for me and you
It is playing too

A rose

A rose
To you my love
They symbolizes
You and me
Hope we get to be
Forever you and me
I love you
I say to you
No money will not bye your hart
My love
But true love
Will Always be in our hearts
Hope
Forever
It will be
You and me

Pain

Take my hand into the flames
It helps my inner pain
To do no violence
To never kill myself
But also not to take decisions
And choose
The flame is not my inner pain
It is my soulless body
To blame
Someone has stolen from me
And it´s unfortunate for me
Hell and fire
Is my life so, take me now
To my grave
And die

alexander

She won`t look at you
I can´t see you like this
Immortal, we are not
A last kiss from me
Is my happy ending to you
I hope we will
Grow old
And die together
alexander
You will always be
my true love

Early morning

Early morning I wake up
See all like this
Just me alone
No love in my life
Again and again
I see the early morning
Like this
Just me alone
In my bed
Where is the
Love in my life
Where is the true love I have been looking for
Like the sun and the moon rise up
I look for love
From the early morning
Till the moon comes up
I know he is out there
Somewhere
For me
Where my true love can be

Last summer

I can still recall our
Last summer
Siting in the grass
Playing and haveing fun
Then you weren´t there anymore
The sky turned gray
The sun wasn´t shining anymore
Crying in my bed
Then you toke my hand
So it was fun after all

The mirror

Mirror said to me
Sit down and listen
What will you say to me
Mirror, mirror on the wall
I am just in your head
I can´t take this anymore
I broke the mirror on the wall
And then my voices wasn`t there
Anymore
After all

If you hear

If you hear voices
There is nothing else to do
They are stuck with you
Or else they disappear
But for me
I am stuck
With my voices
For ever and ever and forever
So they don´t disappear for me
But maybe for you
There are
Hearing voices too

If every one cried

If every one cried and nobody died
What world will we live in to die
This is the world I see
You and me
No cry, no die
Friends and happiness is just a lie
If they lie to you
Am I wrong am I right
What world will we live in to be
Just like you and me
The human kind and sweet
That is a lie
If you see the world like me
The world is not sweet and kind
But blind
As we know it just like you and me
There was a time long ago I cannot remember now
Where humans where sweet and kind and not blind
Where are we now in the world to be
Just like you and me

Good night

Good night, good night
Every body
Sleep tight
And don´t let the sun go over our anger
To night
Let the night
Be in your dreams
And the dreams be in the night
So sleep tight and goodnight

Crazy

My mind is crazy
East is west
And west is east
Summer is winter
And winter is summer
It´s crasy I think
But not true
Then I think if it was
And then I hear voices too
But what if it did happen
All the things
Would I so be crazy
I think

Fall

Fall is here
It´s cold it´s dark
It´s raining
Leavs falling to the ground
It is turning gray in your mind
Depression you cry
Leaves falling to the ground
You get mad
And if it´s raining
You get said
Home it is you tried
Again, again and again
Every year
Because it is
Falling fall
Every year

Jeg vil gerne takke min familie, venner og lærere, for at have hjulpet mig med denne bog, ved hjælp med korrektur og støtte.

Tak til:
Rachael Zekaki, Margharita, Marianne Jørgensen,
Lisbeth Hauptmann, Signe Schou Nielsen,
Lars Slot Christensen, Rita Cristensen, Sonia Rico,
Mette Slot Hartmann, SWimone Slot Petersen,
og Suzanne M. Bjarkholm

These poems were inspired bo songs I heard when I was a child and grow up with these special songs to set words on my feelings with all possible diagnoses. Now I am also a paranoid schizophrenic as well, so I made this book with my deepest poems in it. That is why the book is called "when the mind wanders"

Disse digte er inspireret af sange, som, jeg har hørt som barn og mens jeg voksede op satte disse sange ord på mine følelser og mine mange diagnoser. Nu er jeg også paranoid skizofren og jeg har lavet denne bog, som indeholder mine dybeste digte. Deraf titlen : "når sindet vandre"

© 2017 – Emilie Slot Schou Nielsen
Forlag: Books on Demand GmbH, København, Danmark
Fremstilling: Books on Demand GmbH, Norderstedt, Tyskland
Bogen er fremstillet efter on-Demand-proces
ISBN 978-87-7188-438-8